Inge Müller

Auf dem Sprung

Geschichten
Gedichte
Meditationen

Burckhardthaus-Laetare

Postanschrift: Schumannstr. 161, 63069 Offenbach/M.

Umschlaggestaltung: Art Genossen
Illustration: Bukow M. Schulze
Lektorat: Alexandra Cordes
Herstellung: Joachim Emrich, Offenbach
Satz, Druck und Verarbeitung: Salzland Druck, Staßfurt

Die Deutsche Bibliothek – CIP-Einheitsaufnahme

Müller, Inge:
Auf dem Sprung : Geschichten, Gedichte, Meditationen /
Inge Müller. – Offenbach/M. : Burckhardthaus-Laetare, 1997

ISBN 3–7664–9325–6

Inhalt

Ur-Sprung 7
Für alle, die gerade Anlauf nehmen

Katzen-Sprung 31
... denn weiter ist es nicht vom Ich zum Du

Ab-Sprung 47
Aus-Zeit für den Alltag

Seiten-Sprung 55
Oder: Aus der Haut gefahren

Weit-Sprung 69
Für alle, die am Ende erst ganz am Anfang sind

Sind Sie zu erreichen?

Sind Sie zu erreichen?
... oder gerade auf dem Sprung? Von zu Hause in die Straßenbahn, vom Bürostuhl in den Autositz, zwischen Supermarkt und Gymnastikkurs ... und Sie schaffen es *im Sprung* auch noch, diese Seite zu *überfliegen?*

Wie gut, dass ich Sie noch erreicht habe. Gerade so. Denn ich habe an Sie gedacht, als ich dieses Buch geschrieben habe. An Sie und an andere Leute wie mich: immer auf dem Sprung, immer unterwegs – oder gerade abgestürzt zwischen Geschirr- und Aktenberg.
Ich wollte uns auf die Sprünge helfen. Auf die ganz großen. Die schwierigen. Die, wie man sagt, nur Kunst-Springer wagen – und selbst die trainieren manchmal ein ganzes Leben lang für einen einzigen, großen Sprung

aus dem Lärm	auf die Insel der Stille
vom Know-how	auf die Schulbank
vom Alltag	in die Flitterwochen
vom Bekannten-	in den Fremdenkreis
vom Ich	zum Du
vom Ich	zu Gott
aus dem Leben	über den Tod hinaus ...

Sicher kennen Sie andere Sprünge. Besonders den, zu dem Sie gerade Anlauf nehmen. Vielleicht kommt er sogar in diesem Buch vor. Mittendrin oder irgendwo zwischen den Zeilen. Das würde mich freuen.

Und nun – lassen Sie sich nicht länger aufhalten.
Schauen Sie lieber mal wieder herein, auf einen Sprung ...

Die Autorin

Übrigens: Ob Sie auf Seite 1 mit dem Lesen beginnen
oder auf Seite 54 –
Ihr Sprungbrett in dieses Buch bestimmen Sie selbst!

Ur-Sprung

Für alle,
die gerade Anlauf nehmen

Was bleiben will, muss sich ändern

Wie das Meer, das bleibt
in Ebbe und Flut.
Wie die Gezeiten des Tages,
des Jahres.
Was, wenn ewig Morgen wäre,
ewig Frühling?
Was bleiben will, muss sich ändern.

Wie die Gezeiten meines Lebens.
Einatmen. Ausatmen.
Ursprung und Ausklang.
Neugierig will ich bleiben,
bereit zum Aufbruch.
Auch im Alter mich ändern.

Wie in den Gezeiten einer Freundschaft.
Einer Liebe.
Sich nah sein. Sich fern sein.
Trotzdem bleiben.
Sich ändern – nicht einander.

Meine Arbeit.
Wird sie bleiben?
Muss ich umlernen, von vorne anfangen?
Was muss sich ändern?
Mein Zuhause.
Mein Land.

Meine Bilder
von der Vergangenheit und der Zukunft,
von dem, was sinnvoll ist,
von dem, woran ich glauben kann.
Meine wichtigsten Bilder.
Ich will, dass sie bleiben.

Was muss sich ändern?

Das neue Jahr

Zwölf Räume,
für dich reserviert.
Und schon hast du den ersten betreten:
auf Zehenspitzen?
Mit der Tür ins Haus?
Auf flauschigem Teppich, erdwarmem Lehm?

Du beginnst, Spuren zu hinterlassen.
Du sprichst, du lachst,
du singst, du schweigst.
Und die Wände haben Ohren.

Zwölf Räume,
darunter ein Ballsaal und ein verräuchertes Lokal,
ein Verlies, eine Einsiedelei, eine Werkstatt,
ein Salon für kluge Gespräche,
Büro & Basar –
und ein Chambre separée
für die Zärtlichkeit?

Das Schlüsselloch? Es bringt nicht den Durch-Blick;
denn die Zukunft wird hell, erst wenn du sie betrittst.
Und Schwellenangst?
Zählt nicht –
die Zeit treibt dich vorwärts
auf der Woge vom Alten ins Neue –
Schwellenreiter …
und die Tür fällt ins Schloss.

In einem Raum wartet
ein angefangener Brief, ein Bleistift daneben.
Ein gordischer Knoten – auf deine geduldigen Finger.
Ein Mensch, schon eine kleine Ewigkeit lang.
Eine Frage, die jemand in den Raum gestellt hat,
mitten hinein. Oder: Ein Schrank,
der birgt ein Gewand, wie du noch nie eins getragen –
und ein Spiegel, in dem du dich nicht wiedererkennst.

Ein Raum sperrt dich ein.
Du entkommst ihm nur

mit dem Kopf durch die Wand.
Und einer lockt dich –
seine Tapeten wechseln, seine Fenster haben Flügel
und die Tür gar ein Schloss!

Du kommst – du gehst,
und du weißt: Nur einmal.
Zwölfmal Premiere.
Spannung zwölfmal, Freude und Hoffnung.
Mögest du,
während du die letzte, die erste Tür schließt,
sagen:
Es war ein gutes Jahr.

an Mareike 12/98

Der Engel des günstigen Augenblicks

Er hat mich angesehen, heute im Kaufhaus,
als ich gerade überlegte,
ob ich den Käse und die Flasche Rotwein
aus meiner übervollen Einkaufstasche nehmen
und einfach vor dem alten Mann abstellen sollte,
der im Windfang Schutz gesucht hatte.

Er hat mich mit leichtem Flügelschlag
nach vorn geschubst in die erste Reihe,
als sie jemanden suchten,
der die Neuzugezogenen in der Gemeinde besucht.

Er hat mir ins Portemonee gegriffen,
während der Weihnachtskollekte,
und einen Hunderter herausgezogen,
während ich mich noch fragte,
ob zwanzig Mark nicht genug wären.

Er hat mir Ideen ins Ohr geflüstert
und Worte auf die Zunge gelegt,
die mich um Lohn und Brot gebracht hätten.
Er kitzelt mich mit einer Feder in der Nase,
wenn alle in schweigender Ehrfurcht
einem Fachmann lauschen,
den keiner versteht und keiner fragt.

Er lacht leise,
wenn ich mich über Kleinigkeiten aufrege,
und er schnäuzt sich laut in sein Taschentuch,
wenn ich meine Tränen verheimliche,
vor jemandem, der bis heute nicht weiß,
dass ich überhaupt weinen kann.

Er kennt weder meine Vergangenheit
noch meinen Terminplan für die nächsten zwei Monate,
aber er würde mein Leben komplett umkrempeln,
wenn ich ihn nur machen ließe.

Er ist unmöglich.
Er bringt mich zur Verzweiflung.
Und kaum einer meint es so gut mit mir.

Wann?

Der Großvater schlägt den Vater.
Wenn der Kleine mit einem „genügend"
nach Hause kommt,
liegt der Holzlöffel schon bereit.
Wenn es Ärger gibt, reicht ein
„Warte, heute abend sage ich es Vater",
um dem Kind den Mund zu stopfen.
Und wenn es weint, gibt es kein Mitleid,
wenn es sich anschmiegt, keine Zärtlichkeit,
wenn es stolz auf sich ist, kein Lob.
„Muttersöhnchen, was soll nur aus dir werden."
Und der Holzlöffel liegt bereit.

Der Vater schlägt den Sohn.
Wenn er mit einem „befriedigend" nach Hause kommt,
werden die Ärmel hochgekrempelt.
Und wenn er weint, gibt es kein Mitleid,
wenn er sich anschmiegt, keine Zärtlichkeit,
und wenn er stolz auf sich ist,
herablassendes Lächeln.
Und die Ärmel hochgekrempelt.

Der Sohn legt den Holzlöffel beiseite
und lässt die Hemdsärmel, wo sie sind.
Doch wenn das Kind weint,
heißt es „Muttersöhnchen",
wenn es sich anschmiegt: „Es reicht jetzt",
und wenn es stolz auf sich ist:
„Zuviel Lob schadet nur,
das Leben ist hart,
mich hat auch keiner gelobt."

Wann wagen wir den Anfang vom Ende?
Gleich heute?
ABSCHALTEN
das Familienprogramm
VERWEIGERN
das Erbe

DIE OHREN VERSTOPFEN
vor der Stimme des Blutes
AUF
Fußstapfen treten, statt immerzu hinein.

Die eigene Spur ziehen,
die ganz eigene,
den Kindern zuliebe,
uns selbst zuliebe.

Du sagst:
Aller Anfang ist schwer.
Und ich frage:
Wann?

Jetzt!

Du lässt mich ja nicht.

Ich würde so gern
lässig unter die Motorhaube schauen,
dem Nachrichtensprecher fachkundig und laut
ins Wort fallen, von der Couch aus,
und abends ausgehen,
die ganze Tanzfläche blockieren im Dreivierteltakt,
allein, ohne dich
Ich hätte schon längst meine Beförderung in der Tasche
und trotzdem Zeit für die Hausaufgaben der Kinder,
und die Transamerikana würde ich
zwischen die Räder nehmen von Alaska bis
Feuerland,
meine Feuerprobe, allein, ohne dich
Ich hätte den Laden wieder nach oben gebracht,
ich wäre eine berühmte Ärztin geworden,
ich hätte ganz andere haben können als dich,
und ins Fernsehen hätten sie mich auch geholt
Ich würde Schluss machen mit dem Wettrüsten
und Ernst mit dem Schutz der Schöpfung
und Arbeitsplätze schaffen für alle
und mir selbst die Diäten kürzen, aber

Man lässt mich ja nicht.
Erstickt jeden Aufbruch,
zerrt mich im Sprung aus der Luft,
überholt mich rechts,
versperrt mir das Neuland.

Wie gut,
dass mich niemand auf die Probe stellt.

Nichts wird los sein,
solange ich festhalte.

Ich hatte sie immer bewundert, meine Lehrerin. So viele Schülerinnen und Schüler an einem Tag, Einzelunterricht, stundenlang, in einem winzigen Raum des Konservatoriums, Tonleitern und gewagte Kadenzen, schräge Töne manchmal, Heiserkeiten und Tage, an denen meine Stimme ganz verstummte, wie die Seele. „Ganz normal", sagte sie beruhigend. „Kein Instrument ist so sehr ein Spiegel der Seele wie die Stimme. Was war denn los heute?" Und so löste sie erst meine Zunge, dann den Kloß im Hals und den Stein in der Brust – und schließlich auch die Stimme, bis sie sich wieder emporschwang, frei wie ein Vogel.

„Wie macht sie das?" dachte ich oft. Woher nimmt sie die Kraft, nicht nur schräge Töne und verklemmte Atemzüge auszuhalten, sondern sich auch noch alles anzuhören über Missklänge im Alltag und Dissonanzen in der Liebe, und alles zu verwandeln, bis wir wieder singen können? Woher nimmt sie den langen Atem, woher ihre Melodie, die sie nie zu verlieren scheint?
Ich habe sie gefragt. Und sie hat mir von *ihrer* Lehrerin erzählt. Und davon, wie wichtig es ist, Anfänge zu beschützen.

„Weißt du, ich war damals vierzehn", begann sie. „Ich hatte immer gesungen, im Singkreis und im Kirchenchor, allein in meinem Zimmer und vor versammelter Familienrunde. Und ich wollte weitersingen, mein Leben lang. Besser, als ich es bis dahin vermochte. Weil ich sah, dass ich Menschen das Herz öffnen konnte mit meiner Stimme, mit der Musik. Aber eine gute Ausbildung war eine Frage des Geldes – und meine Mutter kam mit ihrem Haushaltsgeld gerade so über den Monat.
Eines Tages machte ich mich allein auf den Weg hierher ins Konservatorium. Ich hatte von einer Abteilung dieses Hauses gehört, die finanziell schwachen, aber musikalisch besonders begabten jungen Menschen offenstünde, und ich glaubte, mich zu diesen rechnen zu dürfen. Wenigstens wollte ich versuchen, die sehr strenge Aufnahmeprüfung in die Begabtenklasse zu bestehen. Ich hatte mich gut vorbe-

reitet, mich zu Hause eingesungen, mein Sonntagskleid angezogen und mir das 'Heideröslein' unter den Arm geklemmt – das Lied, das ich vortragen wollte.
Du glaubst nicht, wie mich dieses weiße Haus mit seinen geschwungenen Treppen und hohen Fluren eingeschüchtert hat, dann der lange Gang vor dem Prüfungsraum, die jungen Leute, die warteten, blass wie ich zwar und still, das sah ich wohl, aber die meisten waren besser gekleidet und wirkten doch viel selbstbewusster. Meine Handflächen wurden feucht, meine Wangen eiskalt.

Dann war es so weit. Man rief mich in das Prüfungszimmer vor eine Tischreihe, hinter der das Aufnahmegremium Platz genommen hatte, honorige, strenge Herrschaften allesamt, die mich kritisch, gar missbilligend musterten, wie mir schien. Bis ich *ihren* Blick auffing, den Blick meiner späteren Lehrerin. Ihre Augen strahlten Wärme aus, sprachen mir Mut zu. Ich überreichte dem Studenten hinter dem Flügel meine Noten, die ersten Töne des Liedes erklangen, ich holte Luft und spürte, wie mir eine kalte Hand die Kehle zudrückte. Schweiß trat mir auf die Stirn, ich versuchte wiederum, Atem zu schöpfen, ich öffnete den Mund. Kein Ton kam heraus.
Wie von Furien gehetzt drehte ich mich um, lief zur Tür, hinaus, den langen Gang hinunter, vorbei an erstaunten Gesichtern und entsetzten Blicken, zwischen zwei Säulen hindurch, um die nächste Ecke. Dort lehnte ich meine Stirn gegen die kühle, weiße Wand, atmete zitternd, ohne Tränen, ganz leer innerlich. Lange stand ich so.

Da spürte ich, wie mir jemand leicht übers Haar streichelte. 'Du wolltest uns so gerne etwas vorsingen, nicht wahr?' sagte eine warme Stimme hinter mir. 'Und dann ist dir dein Lied vor Aufregung im Hals steckengeblieben. Aber sicher singst du wunderschön, sonst wärst du heute nicht hierhergekommen. Willst du es noch einmal versuchen, jetzt gleich? Ich bringe dich zurück, wenn du willst. Ich bin bei dir.'
Ich wandte mich um. Es war die Lehrerin, deren Blick mir

Mut gemacht hatte. Ich nickte vorsichtig. Ich legte schüchtern meine Hand in die ihre, und sie führte mich zurück, vorbei an den Blicken in dem langen Gang, zurück in den Raum. Ich habe gesungen. Nicht wie eine Nachtigall, aber doch so, dass die Strenge aus den Gesichtern der Prüfer wich. Ich habe bestanden und ich wurde aufgenommen.
Und siehst du", schloss meine Lehrerin ihre Erzählung, „damals habe ich mir vorgenommen, alle zu beschützen, die etwas beginnen. Ihnen über die ersten Klippen zu helfen. Ich nehme euch unter meine Fittiche – denn ich weiß, wie gut es tut, nicht allein zu sein. Besonders am Anfang."

Propheten von nebenan

„Wenn das so weitergeht, wird unser Dorf noch Klein-Anatolien."
„Was der alte Spießer erzählt, das kannst du glatt vergessen."
„Warte mal ab, wie lange sie das durchhält. Ich wette, morgen hängt sie wieder an der Zigarette."

Ich kenne sie, die Propheten. Persönlich. Nicht die großen natürlich, nicht die Hochrechner und Wirtschaftsweisen, die Gurus und Star-Astrologen, nicht die Führer von rechts und links. Aber die kleinen. Die, die neben mir an der Bushaltestelle stehen und beim Metzger, die das Büro mit mir teilen, den Platz im Wartezimmer und an der Theke. Die mir vormachen, wie man Erfolg hat, wie man die Lacher auf seine Seite bringt und erreicht, dass alle einem zuhören und rechtgeben.

Ihre Sätze klingen nicht so wohlgeschliffen und geübt wie die der Großen. Aber auch nicht so abgehoben. Ihre Worte sind nah, eingängig, zur Nachahmung empfohlen. Es könnten meine eigenen Worte werden. Und das macht sie so gefährlich.
„Die im Rathaus machen sowieso, was sie wollen. Das werden wir mit unserer Eingabe auch nicht ändern."
„Wenn einer schon so ein Auto fährt (solche Klamotten trägt, in dieser Straße geboren ist) ..."

Ich will sie auf den Prüfstand bringen, die Propheten von nebenan. Die großen und die kleinen. Ich will ihre Worte auf die Goldwaage legen.
Hellhörig werden für die leisen Alarmsignale in meinem Innern, die mich warnen:
Hier wird ein Mensch, ein Lebensalter, ein Land, ein Glaube entwürdigt und ausgegrenzt.
Hier diktiert die Angst die Sätze, die Lieblosigkeit, der Hochmut.

Dabei können sie ganz anders weissagen, die Propheten – ich weiß es von denen aus der Bibel.
Und die von nebenan? Und ich?

Manchmal habe ich die anderen Prophetenworte
auf der Zunge.
Mutig und ermutigend, tröstend, erlösend,
herausfordernd. Worte gegen die Angst und die
Lieblosigkeit.
Gerade dann, wenn die Propheten von nebenan sich
warmgeredet haben.

Manchmal gebe ich mir dann einen Ruck,
und es gelingt mir,
ein erlösendes Wort nicht nur zu denken,
sondern zu sagen.
Manchmal.

5 %

Nicht länger meckern über die da oben,
ihnen auf die Finger schauen.
Dazulernen
und dann mitreden, mitmischen, von A bis Z,
Arbeitsplatz bis Zukunftsvision,
Asyl bis Zivildienst …

Aber: Wer wird mir zuhören?
Sie werden sich vornehm enthalten,
die Wiedergewählten …
Wer wird mit mir aufstehen?
Sie werden sich lächelnd zurücklehnen,
die Alteingesessenen, ortsansässigen Sitzinhaber …

Aber: Frischen Wind bringen,
Funken zünden, Ideen sprudeln lassen,
Flöhe in Ohren setzen und Flausen in Köpfe …

Und die Umsetzung?
Die Organisation?
Die Beziehungen
zu Bürgermeister, Gemeinderat,
Gesangsverein,
Fußballern, Feuerwehr …?

Beziehungen knüpfen, ganze Netze,
meinetwegen im Verein vereint
ein neues Lied anstimmen,
den Strafraum verlassen,
sich wehren …

… Kräfte verschleißen,
Zeit verschwenden,
auf Granit beißen …

Unsinn:
Einfach Anlauf nehmen!
So hoch ist sie nun auch wieder nicht,
meine
Fünf-Prozent-Hürde.

Bild-störung

„Und jetzt hat er doch tatsächlich eine andere! Und seine Frau weiß es nicht einmal! Das kann doch nur schiefgehen, oder was meinen Sie, Frau Wenzel …?"
Moment mal – hab ich da ein Familiendrama in nächster Nachbarschaft verpasst? – Wohl doch nicht, zum Glück. Es geht nur um die letzte Folge der Dienstagabendserie.
Schon merkwürdig – da stehen zwei Frauen mit mir an der Bushaltestelle und unterhalten sich nicht über die eigene Familie, sondern über eine Geschichte aus dem Fernsehprogramm. Über einen Seitensprung, der eigentlich gar nicht stattgefunden hat – oder doch? Eben auf dem Bildschirm, millionenfach vervielfältigt und ausgestrahlt, in unzähligen Wohnzimmern, vor unzähligen Augen? Jeder Zuschauer war Zeuge, jede Zuschauerin hat es miterlebt, alle hier an der Bushaltestelle haben die gleichen Bilder im Kopf, können darüber sprechen, als sei das Geschehene wirkliche Wirklichkeit. Nur ich nicht. Ich kann heute nicht mitreden, denn ich habe diese Folge der beliebten Serie verpasst. Zu dumm? Im Gegenteil! Ich habe zwar keine Kopie dieser Fernsehbilder im Kopf, dafür aber meine eigene Story:
Wie ich gestern abend nachdenke über ein Geburtstagsgeschenk, wie mir dann einfällt, ich könnte wieder einmal ein Bild malen. Hab' ich früher sehr gerne gemacht, ob ich's noch kann? Ich schnappe mir den Tuschkasten, starre das weiße Papier an, kaue am Pinselstiel, wo soll ich beginnen, womit? Wie es scheint, ist mit den Farben im Kasten auch meine Fantasie etwas eingetrocknet. Na komm schon! Ein roter Pinselstrich und weiter, erst schüchtern und ungelenk, dann immer mutiger und schwungvoller. Hab glatt das Abendbrot vergessen und die Fernsehserie.
Aber es sah richtig gut aus am Ende, mein Bild. *Mein* Bild. Ob ich heute abend weitermache? Und – ob ich jetzt gleich mal davon erzähle, hier an der Bushaltestelle? Nicht prahlerisch, nur einfach so – vielleicht hat ja eine von den beiden Frauen auch ein fast verstaubtes Hobby im Schrank …
Ich werde gleich mal auf Sendung gehen, mein Bild mitten hineinfunken in die millionenfach vervielfältigten Fernsehbilder …

Gute Frage

Und was
springt dabei heraus?
Fragst du jedes Mal,
bevor du einsteigst.

Was herausspringt?
Wer kann's wissen?
Vielleicht
ein schnaubender Wut-Stier,
den du zu lange gezähmt hattest,
ein Frosch aus dem Brunnen der Vergangenheit
mit einem goldenen Ball aus Erinnerungen im Maul,
dein innerer Schweinehund –
und er nimmt einen Tag Urlaub! –
ein Floh, den du gleich jemandem ins Ohr setzen kannst …

Geld?
Wohl kaum.
Du weißt doch:
Geld springt nicht.

Große Sprünge

Nein, du,
in diesem Jahr
wird es nichts
mit Inselhüpfen in der Ägäis,
abends mal kurz zum Italiener,
dann ins Kino, in die Bar,
die Therme am Wochenende,
selbst Bärbels Jazzgymnastik
gestrichen,
weißt du,
seit Heiner arbeitslos ist,
sind sie einfach nicht mehr drin
die großen Sprünge.

Verzeih mir.
Das wusste ich nicht.

Ich glaube,
ich habe mich
mit einem meiner großen Sprünge
einfach
über euch hinweggesetzt.

Über-Springer

Schon wieder Montag!
Überspringen müsste man diesen Tag.
Oder gleich die ganze Woche.
Mit einem Satz bis zum Wochenende.
Denn Freitagabend beginnt das Leben.

Schon wieder Winter!
Überspringen müsste man diese Jahreszeit.
Oder gleich von Oktober bis Mai.
Mit einem Satz in den Wonnemonat.
Denn mit dem Frühling beginnt das Leben.

Schon wieder Alltag!
Überspringen müsste man ihn.
Mit einem Satz bis zum
Geburtstag
Hochzeitstag
letzten Arbeitstag.
Denn mit der Pensionierung beginnt das Leben.

Manchmal denke ich,
mein letzter Tag
wird ein Montag sein,
ein ganz alltäglicher, armseliger Montag,
mitten im Winter.
Aber er wird mir sehr kostbar erscheinen.
Keine Minute
werde ich überspringen wollen
und wünschen,
ich könnte mir
all die anderen kleinen, unscheinbaren Montage
noch einmal genau ansehen
unter der
Zeit-Lupe.

Der Tänzer

Da hatte ich achtzig Mark hingeblättert für die Eintrittskarte, nur um in der ersten Reihe zu sitzen, nur um *Ihn* aus nächster Nähe zu sehen, um einmal zu erleben, wie er die leere Bühne des Opernhauses füllen würde mit Sprüngen und Pirouetten, mit Figuren und Geschichten, Träumen und Abenteuern, er allein, ein Solo von mehr als einer Stunde …

Es war ein Fehler gewesen. Die teure Eintrittskarte. Der Platz in der ersten Reihe. Rang drei Mitte rechts hätte es auch getan. Aber das merkte ich erst, als es schon zu spät war. Als ich sah und hörte, wie unbarmherzig Nähe sein kann.

Er war nicht mehr jung, der Tänzer. Nicht für seinen Beruf, nicht für die körperliche Knochenarbeit eines Ballerino. Dennoch war ihm der Ruf der Meisterschaft, der unnachahmlichen Kraft und Leichtigkeit vorausgeeilt. Sicher zu recht. Doch so hautnah sah ich, was es ihn kostete, diesen Mythos aufrechtzuerhalten, gegen die Zeit, gegen sein Alter.

Er schwitzte. In Strömen. Die Schminke, kalkweiß und kohlkajal, rann ihm in die Augen, rötete sie. Das Trikot färbte sich dunkel. Seine Beinmuskeln arbeiteten, virtuos und präzise – bis zur Pause. Danach, als kämpften sie mit jedem Takt mühsamer gegen bleierne Schwere und Müdigkeit. Er zitterte. Vor jeder Pirouette, nach jedem Sprung. Korrigierte Unsicherheiten, kaum merkliche Fehltritte, routiniert, mit einem Lächeln, das sich verlor in seinem von der Anstrengung gezeichneten Gesicht, zwischen den tiefen Falten und scharf hervorstehenden Knochen. Sein Atem zitterte.

Noch ein wenig näher, und ich würde seinen Herzschlag hören. Einzig seine Arme, die Hände und Finger hatten ihre Leichtigkeit behalten, malten mit formvollendeten Schwüngen jene Geschichten und Fabeln ins Licht, die der übrige Körper nicht mehr erzählte. Mitleid stieg in mir auf, Zärtlichkeit, viele Fragen und Angst – Angst um ihn, um seine Würde. Angst, er könnte alles verschleudern und der Lächerlichkeit preisgeben, was er einmal gewesen war, weil er es nicht schaffte, abzuspringen, über die Rampe, in ein neues Leben …

War es wirklich ein Fehler gewesen? Diese Karte zu kaufen, hier Platz zu nehmen?

Vielleicht hätte ich auf Rang drei Mitte rechts mehr von den Ballettgeschichten dieses Abends verstanden. Aber sicher weniger von ihm, dem Tänzer. Und weniger von der Kunst, den Anfang vom Ende zu finden.

Gegen den Strom

„Irgendwann
muss ich ja mal damit anfangen"
sagt der alte Mann
den ich jeden Morgen im Stadtbad treffe
wo er geruhsam seine Bahnen zieht
jeden Morgen
im Winter unter Neonleuchten
im Sommer durch glitzernde Sonnenreflexe
gleichmäßig
konzentriert

„Es ist nie zu spät
und hier
dachte ich
lerne ich es am besten"
sagt er
„mein Arzt meint
es ist der Kreislauf
und ich denke
Recht hat der Mann
bin viel zu viel im Kreis gelaufen
mitgelaufen
hinterhergehetzt
mein Leben lang
höchste Zeit für was Neues
also habe ich das hier angefangen
ziehe meine eigenen Bahnen
teile kleine Wellen
arbeite mich langsam zum Rand hin
und stelle mir vor
ich mache das auch draußen so
wenn sie lächeln
wenn sie alles besser wissen
besonders
was gut für mich ist

meine eigene Bahn
mein eigenes Ziel
gegen den Strom."

Nur ein Zweig

Von der Natur, die sie liebte, von den Wiesen, Bergen und Meeren, die sie in ihrem Leben gesehen hatte, war nur er ihr geblieben: dieser Zweig, der verloren im Wind schaukelte. Dahinter eine braune, fensterlose Mauer. Ein schmaler Ausschnitt vom Leben, gerade so groß wie das Fenster, durch das sie vom Bett aus nach draußen blicken konnte. Nicht einmal den Baum, zu dem der Zweig gehörte, gab das Viereck aus Glas frei.

Sie rätselte oft während der kurzen, frostklaren Wintertage, ob er ein Apfel- oder ein Kirschbaumzweig sei, aber er gab sein Geheimnis nicht preis, zählte nur mit seinem zitternden Schatten wie eine Sonnenuhr die Backsteine der Mauer, die Stunden des Tages, die Monate ihrer Krankheit.

Schließlich, als die Helligkeit und Wärme draußen zunahmen und der Zweig noch immer keine Knospen zeigte, gab sie die Hoffnung auf. Der Baum war wohl abgestorben, der Zweig alt und lebensleer. Er mochte einmal viele Jahre hindurch Blätter und Blüten getragen haben, dann, vielleicht nach einem langen Winter, war er nicht mehr aufgewacht. Zermürbt und tot hing er in der Frühlingsluft. Nachts, wenn sie nicht schlafen konnte, beobachtete sie ihn im Licht einer unsichtbaren Straßenlampe. Manchmal wirkten seine Äste wie hilflose kleine Hände, manchmal erschien er ihr wie ein fleischloser, drohender Finger … Lange Zeit versuchte sie, nicht mehr hinzusehen.

Dann eines Morgens kitzelte sie ein Sonnenstrahl so energisch wach, dass sie unwillkürlich doch wieder aus dem Fenster blickte. Die braune Mauer war golden vom Licht, und der Zweig davor winkte, geschmückt mit zartrosa Blüten und vielen hellgrünen, prallen Blattknospen.

Eine Zeitlang sah sie ihm einfach zu. Dann wusste sie: Heute würde sie aufstehen und versuchen, bis zum Schreibtischstuhl hinüber zu laufen.

Heute

Kaum ein Zeitbegriff
so häufig in der Bibel
wie dieser:

Heute
ist euch der Heiland geboren,
hat sich dies Schriftwort erfüllt,
wirst du bei mir im Paradiese sein.
„Zachäus, komm schnell herunter,
denn ich muss heute dein Gast sein,
und heute ist diesem Haus Heil widerfahren."

Alles jetzt, sofort und
in einer Eile,
die keinen Aufschub duldet.
Wie in jener Nacht, als sie aus Ägypten zogen
und nicht einmal Zeit blieb,
das Brot zu säuern.

Als ob sich,
wenn Gott uns nahe ist,
alles, was möglich ist,
auf einem Punkt zusammendrängt,
alles, was wir
wünschen, hoffen, sehnen, glauben
in einem Augenblick,
der nie wieder kommt
in der Zeiten Fülle,
zum Greifen nah,

wenn wir es nur be-greifen.
Heute.

Katzen-Sprung

… denn weiter ist es nicht
vom Ich zum Du

Wie einst im Mai

„Mein größter Wunsch: einen Achttausender besteigen!" „Bei einem Schamanen in die Lehre gehen ..." „Auf einer Luxusjacht vor Barbados kreuzen ..."
Carolin musste lächeln. An Fantasie mangelte es ihnen nicht, den Leuten, die sich an dem Wettbewerb „Wir machen Wunder wahr: Miracle-Hotels" beteiligt hatten – mit jedem Brief, den Carolin durchlas, wurde sie selbst in eine kleine Wunderwunschwelt hineingezogen – in die Antarktis, nach Tibet, auf jeden Fall aber in die Weite. Carolin blieb die Qual der Wahl. Immerhin musste sie unter allen Wünschen eine Vorauswahl für das Management der Miracle-Hotels treffen: vor allem „imagefördernd" sollte das Wunder sein, spektakulär, fantastisch, dazu eine Prise Gefühl ... Vielleicht dies hier? fragte sie sich und las: „Noch einmal von vorne anfangen – das wünsche ich mir, für meinen Mann und mich." Carolin stutzte. Das war der erste Wunsch, den sie von sich selbst kannte. „Es ist Mai, der Wonnemonat. Draußen scheint die Sonne, während ich schreibe. Es war auch Mai, als mein Mann und ich uns kennenlernten. Aber unser Wonnemonat hat sich längst in einen grauen November verwandelt ... Ich las den Namen Ihrer Hotelkette und dachte: das wäre es, was wir brauchten. Ein Wunder! Das meiste dazu bringen wir ja selbst mit: all die Eigenschaften, die wir einmal wundervoll aneinander fanden, die Träume, die wir zusammen wahrmachen wollten ... nur: wie finden wir das alles wieder? Meine Bitte an Sie: Schenken Sie uns beiden eine Ballnacht. Wie einst im Mai! Sie laden uns einfach getrennt ein. Schöne Musik brauchen wir und ein Tanzspiel – und die Chance, uns (wieder)finden zu können. Ich glaube nämlich, wir zwei haben nur verlernt, im Mai miteinander zu leben, statt im November. Vielleicht geht es anderen wie uns, und Sie könnten einen ganzen Ballsaal mit Paaren füllen?"

Vielleicht. Und vielleicht gibt es auch Wunder, die etwas näher liegen als die Antarktis. Carolin ließ sich mit ihrer Chefin verbinden ...

Weder den Tag …

Ich glaube, du hast die Tür zugeschlagen.
Gehört habe ich es nicht.
Ich starre gegen die weiße Wand.
Warum müssen wir uns streiten
um Geld?
Geizen mit Liebe, sparen mit Wärme,
nur wegen eines erbärmlichen Guthabens
auf der Bank?
Hauptsache, ich habe bei dir noch etwas gut
und du bei mir.

Im Schlafzimmer brennt Licht.
Kannst du nicht schlafen? Wartest du auf mich?
Trotz steigt in mir auf. Wenn ich schon
den ersten Schritt machen soll,
wie immer, warum immer ich,
dann morgen früh, vielleicht.
Versöhnung hat Zeit.

Und wenn nicht?
Bilder entstehen in meinem Kopf:
Nebel auf der Autobahn, Glatteis.
Dein Wagen an der Leitplanke.
Ein Anruf.
Nein, ich habe keine Angst.
Ich bin nur plötzlich sehr entschlossen.
Wie immer, wenn ich daran denke,
dass ich weder den Tag kenne noch die Stunde,
dass ich nichts weiß
über mein Guthaben, über unser Guthaben
an Zeit.

Mit wenigen Schritten bin ich an deinem Bett.
Natürlich liegst du wach.
Wir nehmen unser Gespräch wieder auf.
Anders diesmal.
Gelächter schleicht sich ein,
ein paar Tränen, dann immer mehr Zärtlichkeit.

„Wie machst du das?"
fragst du später, „das mit dem ersten Schritt?
Für mich ist es ein so weiter Weg
von mir zu dir, nach einem Streit."
„Erschrick nicht", sage ich, „aber mein Geheimnis
ist der Tod.
Ich will den ersten Schritt vor dem letzten machen,
nehme ich mir vor.
Der Rest geht dann sehr schnell.
Denn der Tod,
weißt du,
verkürzt alle Wege."

„Und für die Kinder vielleicht eine Bockwurst und eine Limonade und ... hörst du mir überhaupt zu?"
Sie war gereizt. Und das mitten im Urlaub. Ob es daran lag, dass Tante Hertha mit von der Partie war, auch hier am Meer? Eine strenge Königin, die in ihrem Strandkorb thronte und missbilligend das Gewusel aus Kindern, Hunden, rieselndem Sand und flüchtenden Krabben zu ihren Füßen musterte. Sie spürte, wie sie sich unter diesem Blick verkrampfte. Max dagegen erholte sich allem Anschein nach blendend.
„Aber sicher höre ich dir zu. Wurst, Limo ... alles klar, bin sofort zurück. Ist ja nur ein Katzensprung bis zur Imbissbude."
„Mach schnell, die Kinder haben Hunger und Tante Hertha ..." Sie verstummte unter den strengen Augen. Max klemmte sich aus unerfindlichen Gründen noch seine Videokamera unter den Arm, dann spurtete er los.

Sie warteten. Eine Viertelstunde. Wahrscheinlich musste er anstehen, immerhin war es Mittagszeit, an der Imbissbude herrschte wohl Hochbetrieb. Eine halbe Stunde. Ob er all das Bestellte überhaupt tragen konnte? Samt der Kamera? Eine dreiviertel Stunde. Die Kinder wurden unruhig, Tante Herthas Blick strafend.
Nach einer Stunde fing sie an, sich Sorgen zu machen. Sie lief zur Imbissbude hinüber, drängte sich nach vorne. Ob ihr Mann hier ...? Vor einer Stunde etwa ...? Niemand hatte ihn gesehen, niemand erinnerte sich.
Sie rannte zur Strandburg zurück, erstattete Bericht. Die Jüngste begann zu weinen. Tante Herthas Blicke waren jetzt Dolche. Sie spürte Panik in sich aufsteigen.
Die Strandaufsicht. Die Sanitäter. Die Polizei. Nichts. Max war wie vom Erdboden verschwunden. Man würde nach ihm Ausschau halten. Man würde ...

Als sie zu ihrer Familie zurückkehrte, konnte sie nur noch mühsam die Tränen zurückhalten. Die Flut kam. Ob Max etwa ...?
Und plötzlich war er da. Stand einfach wieder vor ihrer

Strandburg, die Kamera noch immer unter den Arm geklemmt, dafür ohne Limo und Bockwurst, das Gesicht strahlend, mit einer winzigen Spur von Verlegenheit, vor allem aber glücklich und aufgeregt. Max. Fing an zu erzählen und hörte gar nicht mehr auf:

Wie ihn plötzlich das Leben am Strand eingefangen hatte, die vielen Motive, Schauen und Staunen, Reden und Filmen: Den kleinen Jungen, der seinen Drachen ganz fest hielt und heute noch mit ihm nach Amsterdam fliegen wollte. Den Mann, der aussah wie ein alter Indianer und seit zwanzig Jahren in jedem Sommer zu seinem Platz in den Dünen zurückkehrte. Die Frau, die zum ersten Mal am Meer war und sich vorsichtig das Salzwasser von den Fingern schleckte. Das verkrachte Pärchen – Er suchte seit zwei Stunden nach ihr. Und da war es ihm wieder eingefallen: Die Limo! Die Kinder! Wahrscheinlich wurde auch er seit zwei Stunden vermisst!

„Weißt du, ich hab mich einfach treiben lassen. Und das war so schön. Mitten unter all den Leuten, und doch raus aus allem. Allein mit mir. Es tut mir leid, dass ihr euch Sorgen machen musstet. Aber es war so schön: zwei Stunden Urlaub vom Urlaub. Und ich bin richtig gern zu euch zurückgekommen."

Er strahlte sie an. Sie holte tief Luft, merkte, wie ihr die Standpauke im Hals steckenblieb und sich dafür drei Worte in ihr einnisteten. Drei Zauberworte. Urlaub vom Urlaub.

Plötzlich wusste sie, was ihr fehlte.

Chojol

Am Straßenrand hatte er gestanden, dunkelhäutig, schwarzhaarig, eine dünne Strickjacke um die Schultern, Daumen raus. Es regnete. Er hatte trotzdem keine Chance, mitgenommen zu werden.
So einer doch nicht.
Bis mein Mann ihn sah, anhielt und die Autotür öffnete. Und ihn mitnahm. In unser Dorf. Auf unseren Hof, weil wir doch erst herauskriegen mussten, wo er überhaupt hin wollte. Welche Straße? Welches Haus? Natürlich das Asylbewerber-Wohnheim. „Kanakenhaus", flüstern sie hier hinter der vorgehaltenen Hand. Er wollte dort Freunde besuchen.
Er ist wiedergekommen, gleich am nächsten Tag. In unser Dorf. Auf unseren Hof. Er wollte meinen Mann wieder treffen, „meinen Freund", hat er gesagt. Meine Güte, ist man denn gleich miteinander befreundet, wenn man drei Kilometer gemeinsam im Auto fährt?

Jetzt sitzt er im Garten, in unserem Garten. Spricht mit den Kindern. „Ich Chojol. Du Lena. Du Lars." Chojol. Wie schreibt man das überhaupt, wie spricht man es aus? Ich versuche es. Klingt unbeholfen.
Ich bringe Kaffee und Kuchen nach draußen. Meine Nachbarin geht vorbei und sieht mich mit dem Tablett. Ich hätte die Nachricht ebensogut gleich dem „Gemeindeblatt" durchgeben können.
Kaffee und Kuchen. Kennen die so etwas überhaupt in …
„Wo kommen Sie denn her, Chojol?" Klingt immer noch nicht besser, wenn ich seinen Namen ausspreche. „Bangladesh." Er muss es zweimal wiederholen, bis ich verstehe. Bangladesh. Ein bisschen vage fällt sie schon aus, die Einordnung auf meiner inneren Schul-Landkarte.

Ich gehe ins Haus, suche im Lexikon. Bangladesh. Ost-Pakistan. Auch: Bengalen. Bengalen klingt verheißungsvoll – wie „Der Tiger von Eschnapur" …
Ich schaue aus dem Fenster. Unsere Untermieterin geht durch den Garten. Chojol sieht ihr nach. Er sucht eine Frau, hat er meinem Mann erzählt. Dringend. „Sonst nur

Freunde in Wohnheim." Aber doch nicht unsere Untermieterin! Die hat gerade ihre Scheidung hinter sich, und außerdem käme sie nie auf die Idee, mit einem aus … woher? Bangladesh.

Sie geht zurück, er steht auf und folgt ihr. Ich merke, wie ich wütend werde. Und traurig. „Multikulturelle Gesellschaft", das klingt so gut, wenn ich es in der Zeitung lese – und ist so schwer, wenn es in unserem Garten beginnt …

Ihr bester Fang

Sie hat mich an der Angel. Ich merke es jedesmal, wenn ich gehen will.
Sie hält mich fest, zieht mich vom Türrahmen – immerhin, so weit hatte ich mich schon vorgekämpft – wieder zurück zu ihrem Lehnsessel, mit einer scheinbar harmlosen Frage, deren Beantwortung eine halbstündige Erzählung erfordert, mit einem Lächeln, einem „Bleib!" in ihren wachen Augen, mit einem Zeitungsartikel, den sie für mich ausgeschnitten hat. Sie zieht mich zu sich heran, millimeterweise, mit ungeheurer Kraft und Zähigkeit, die nicht aus ihrem zarten, gebrechlichen Körper kommen kann.
Ich spüre den Widerhaken meines schlechten Gewissens und gebe nach, bis ich vor ihr stehe. Schließlich sitze ich sogar wieder. Noch einmal zehn Minuten.
Dabei wollte ich nur auf einen Sprung hereinschauen. Aber das mit dem Springen ist schwer, wenn man an ihrer Angel hängt. Warum müssen es immer Stunden sein, warum ein ganzer Abend? Weiß sie nicht, was eine Stippvisite ist? Nur mal kurz hereinschauen? Ich habe tausend Verpflichtungen, sie aber ist unersättlich. Und stur. Mit stoischer Gelassenheit schaut sie zu, wie ich mich abzappele, um ihr zu entkommen.
Sie saugt mich aus. Nimmt alles, was sie kriegen kann: Farben, Gerüche, Gelächter, Neuigkeiten und kleine Skandale – Hauptsache, es kommt von draußen. Aus der Welt, in die sie nicht mehr eintauchen kann. Die Einsamkeit macht sie unbescheiden.
Sie hat andere Angeln ausgelegt, Telefonkabel, Fernsehantenne, Satellitenschüssel, das Übliche. Sie will mehr als das Übliche. Sie ködert mich. Mal mit selbstgemachter Himbeertorte und Osternestern für die Kinder, mal mit plötzlichen Schwächeanfällen und nächtlichen Hilferufen. Denn ich bin ihr bester Fang.
Ich bin ihr Licht, ihre Farben, ihre Wärme. Besser als jede Talkshow. Manchmal frage ich mich: Wem außer ihr kann ich so viel geben?
Ich muss gehen. Ich werde gehen. Ich beiße mir auf die Lippen und werfe die Tasche schwungvoll über meine

Schulter, damit ich den Widerhaken nicht spüre. Jetzt kommt die energische Tour. Mit drei Schritten bin ich an der Tür, ein flüchtiger Gruß, die Tür fällt ins Schloss. Geschafft. Zum Glück habe ich nicht mehr gesehen, wie das Licht in ihren Augen erlischt, wie sie in ihrem Lehnstuhl zusammensinkt, wie die Leere nach ihr greift.
Ich war doch nur auf einen Sprung gekommen. Ich springe die Treppe herunter, auf die Straße, ich laufe fast, auf der Flucht. Es hat ohnehin keinen Zweck. Schon jetzt beginnt wieder dieses Reißen und Ziehen in mir, wenn ich an sie denke.
Sie hat mich an der Angel. Und sie wird nicht lockerlassen, bis ich wieder bei ihr auftauche.

Das Zeichen

Sie hatten es einmal verabredet, vor vielen Jahren, als sie einander noch gut waren, die beiden Nachbarinnen. Als ihre Männer noch lebten, als es noch keine Zäune gab zwischen den beiden Gärten, dafür eine gemeinsame große Veranda, auf der man an langen Sommerabenden grillte und schwatzte und Wein trank und ein Pfeifchen rauchte.
Und als die Männer kurz nacheinander gestorben waren, trafen sich die beiden einsamen Frauen täglich zum Gang auf den Friedhof, stützten sich gegenseitig und erinnerten einander immer wieder daran: „Du bist nie allein. Wenn du mich irgendwann einmal brauchst, klopf einfach an unsere gemeinsame Schlafzimmerwand. Du weißt ja, mein Bett steht auf der anderen Seite. Ich werde dich hören und sofort herüberkommen."
Ob es daran lag, dass eine von beiden sich einen Untermieter nahm, der bald darauf ihr Freund und Lebensgefährte wurde? Dass die andere eine Erbschaft antrat, sich das Dachgeschoss ausbauen und bei dieser Gelegenheit gleich noch einen Zaun zwischen den beiden Grundstücken ziehen ließ? Erst fiel das tägliche Schwätzchen aus, dann der Gruß, dann der freundliche Blick. Schließlich blieb nur noch eisiges Schweigen zwischen den beiden, Verdächtigungen und üble Nachrede.
Längst hatte die eine auch ihren Freund und Untermieter zu Grabe getragen, die andere ihre Erbschaft in einigen Kreuzfahrten angelegt, beide wurden Wand an Wand grau und einsam – ihre Feindschaft blieb.
Gestern nun gab es einige Unruhe in unserer sonst so beschaulichen Straße. Eine der beiden Nachbarinnen (die mit dem Untermieter) war tot in ihrer Wohnung aufgefunden worden. Allem Anschein nach war sie bereits zwei Tage zuvor gestorben, ohne dass jemand sie vermisst hätte. Die andere Nachbarin hatte schließlich wohl Verdacht geschöpft und die Polizei alarmiert.
Jetzt stand das kleine Haus leer. Morgen sollte die Beerdigung sein.
Ich weiß nicht mehr, was mich über die Straße trieb, die „Übriggebliebene" zu besuchen. Ich fand sie in ihrer klei-

nen Küche. Sie schälte Kartoffeln. Ihr Rücken zuckte. Ich legte ihr sanft die Hand auf die Schulter und fragte behutsam, ob es der Tod ihrer Nachbarin sei, der ihr so naheging und das trotz ihrer Feindschaft, der eisigen Blicke, des langen Schweigens? Sie nickte – und dann erzählte sie mir die Geschichte von dem Zeichen, das sie vor langer Zeit untereinander verabredet hatten. „Und sehen Sie, vor zwei Tagen gegen Morgen, da hat es ganz zart an meine Schlafzimmerwand geklopft. Ich dachte zuerst, ich hätte mich verhört. Aber eine Täuschung war nicht möglich. Sie klopfte, ganz leise und schüchtern. Und ich, ich dachte: 'Lass sie nur klopfen! Die muss komplett verrückt sein, mich auf der Straße nicht mehr zu grüßen, mich all die Jahre links liegen zu lassen und jetzt zu erwarten, dass ich in aller Herrgottsfrühe für sie aus dem Bett springe, um ihr die Kopfschmerztabletten zu reichen'. So blieb ich liegen, stolz und stur. Ich konnte es einfach nicht fassen, dass sie immer noch an unser Versprechen dachte, dass sie wirklich glaubte, nach all den Jahren, ich könnte vergessen. Heute weiß ich", schloss sie und hatte wieder Tränen in den Augen, „dass sie ganz kurz vor ihrem Ende noch einmal einen Anfang gemacht hat, in höchster Not. Sie ist über ihren Schatten gesprungen, und sie muss mir das Gleiche zugetraut haben. Bis es zu spät war."

Ich hatte ihr immer vorgeschwärmt, bei jedem Besuch, zwei Jahrzehnte lang: Von der Tanzschule und vom Abschlussball, von der Party am Wochenende mit den tollen Typen, von Jazzgymnastik und Tai Chi, von Sommerfesten und Weihnachtsbällen.

„Tanz nur", hat sie dann immer gesagt, gelächelt und mir eine Locke aus der Stirn gestrichen. „Ich wünschte, ich könnte dir einmal zusehen."

„Kein Problem, dazu musst du doch nicht ins Freie, nicht einmal aus dem Rollstuhl!" hatte ich gerufen, gleich zu einer schwungvollen Drehung angesetzt – und den Rest des Nachmittags damit verbracht, die mikroskopisch kleinen Scherbchen ihrer Bodenvase hinter Schränken und Regalen hervorzuklauben.

Ich bekam mein erstes Kind, das zweite war unterwegs, ich hatte weniger Zeit für sie, aber ihr Lächeln wurde deshalb nicht wehmütig.

„Du tanzt doch noch, kleine Elfe?" fragte sie, wenn ich wieder einmal einen Besuch einschieben konnte. „Auch als Mutter? Tanz nur – ich wünschte, ich könnte dir einmal zusehen."

Diesmal, im achten Monat schwanger, habe ich auf die schwungvolle Drehung verzichtet.

Fünf Wochen später – mein kleiner Sohn war erst wenige Tage alt – erwachte ich morgens mit einem stechenden Schmerz in der unteren Wirbelsäule, der bis in die Oberschenkel ausstrahlte. Ich verbiss mir einen Schrei und versuchte aufzustehen, indem ich mich an einem Regal hochzog. Auf halber Höhe gab ich es auf und sackte stöhnend zurück. Kriechend erreichte ich das Telefon, schweißgebadet, wählte die Nummer des Hausarztes, wusste nicht mehr, wie ich die endlose Strecke zurück zum Bett bewältigen sollte … „Beruhigen Sie sich, nichts Ernstes", versicherte mir mein Arzt. „Es ist der Ischiasnerv, wahrscheinlich haben Sie beim Stillen eine Fehlhaltung eingenommen. In ihrem Alter gibt sich so etwas wieder."

„Und wann?" flüsterte ich hoffnungsvoll.

„Schwer zu sagen – es kann zwei Wochen dauern, manch-

mal auch vier. Ich verschreibe Ihnen Bäder und Wärmewickel."
Drei Wochen später – die Schmerzen hatten nachgelassen und mit dem verbleibenden Rest würde ich auch noch fertigwerden, glaubte ich – unternahm ich mit den Kindern einen kleinen Ausflug: das Baby schob ich im Kinderwagen, die kleine Tochter strampelte munter auf ihrem Dreirad vorneweg. Immer schneller. Der Abstand zwischen uns wurde größer, die Straße abschüssig. Die Pedale rutschten unter ihren Füßchen weg, das Dreirad raste, meine kleine Tochter begann zu schreien. Die nächste Kreuzung war nicht mehr weit entfernt. Ich schrie nicht. Ich stand an der Bordsteinkante, den Kinderwagen neben mir, wie gelähmt. Denn bei dem ersten Laufschritt, den ich gewagt hatte, um meinem Kind nachzurennen, war der stechende Schmerz wieder dagewesen, diesmal überall in meinem Körper.
Hilflos sah ich mein Kind auf die Kreuzung zurasen, sah den fremden Radfahrer, der absprang, blitzschnell das Dreirad packte und es anhielt, mein Kind auf den Arm nahm und tröstete – sah alles und hörte meinen Arzt sagen: „In ihrem Alter gibt sich so etwas schnell wieder."

Und in welchem Alter nicht mehr? Nie mehr? Bei welchem Grad der Behinderung? Nie mehr laufen, nicht einmal mehr helfen können, dem eigenen Kind nicht, geschweige denn tanzen …
In diesem Augenblick nahm ich mir vor, zu ihr zu fahren und ihr zu erzählen, wie ich hier an der Bordsteinkante stand, die Worte „nie mehr" und „für immer" in meinem Kopf hämmernd wie der Schmerz in meinem Körper.

Und wenn es nachts um drei ist

Vielleicht wäre sie damals doch gesprungen.
Es war einfach alles zuviel:
Das Studium ohne Perspektive,
vergebliche Versuche, eine Liebe zu retten,
finanzielle Schwierigkeiten –
und dann dieser nachtdunkle Fluss tief unter ihr,
der endlich Ruhe verhieß …

Vielleicht wäre sie gesprungen,
wenn ihr nicht mitten in all dem inneren Chaos
leise die Worte im Ohr geklungen hätten:
„Falls dir einmal die Sorgen über den Kopf wachsen
und du denkst, es geht nicht mehr weiter –
ehe du etwas Unüberlegtes tust, komm zu mir.
Ich bin immer für dich da –
und wenn es nachts um drei ist."

Wie sie von der Brücke herunterkam,
welcher Autofahrer anhielt und sie mitnahm,
weiß sie nicht mehr.
Sie sah das vertraute Haus
und das leicht geöffnete Schlafzimmerfenster.
Sie stieg ein wie eine Diebin und ließ sich fallen –
in die Arme ihrer Mutter.

„Wie machst du das, an etwas zu glauben?
Ich meine: überhaupt an irgendetwas?
Geschweige denn an einen Gott,
eine Person, die dich sieht,
die dich ansieht, wohlwollend,
vielleicht sogar liebevoll?"
fragte mich einmal ein guter Freund,
ein bisschen mitleidig,
ein bisschen neidisch …

„Wie ich das *mache?*", fragte ich zurück.
„Ich glaube, ich *mache* gar nichts.
Es ist ein tiefes Vertrauen, das man nicht machen kann,

vielleicht ist es ein Geschenk meiner Mutter …
Weißt du, wenn ich an Gott denke,
stell ich mir jemanden vor,
der da ist, immer, der auf mich wartet,
und wenn mir die Sorgen über den Kopf wachsen,
wenn ich denke, es geht nicht mehr weiter,
sagt er, so eindringlich,
dass es mir noch im größten Chaos in den Ohren klingt:
Kind, ehe du etwas Unüberlegtes tust,
komm zu mir –
und wenn es nachts um drei ist …"

Ab-Sprung

Aus-Zeit für den Alltag

Nur Schäume?

„Gibst du etwas auf Träume? Also ich nicht. Normalerweise nicht. Was sich nachts so alles in meinem Kopf abspielt: nur unzusammenhängendes Zeug! Nur heute Nacht, da war's anders, ausnahmsweise. Interessiert's dich?

Ich saß in einem Ruderboot, die Ruder eingelegt, ließ mich einfach dahintreiben über den See, bis ich bemerkte, dass das Boot auf Grund gelaufen war, auf weichen Sand. Ich blickte auf und sah eine kleine Insel vor mir, eine richtige Robinsoninsel, der Traum aller Kinder: mit flachem Sandstrand zum Baden, steilen Felsen zum Klettern und mit schmalen, geheimnisvollen Pfaden, die sich ins Gebüsch schlängeln.

Ich stieg aus meinem Boot, bog einige Zweige zur Seite und betrat einen solchen Pfad, erwartungsvoll wie ein Kind. Da sah ich Spuren, dort, wo der Sandstrand in lehmigen Erdboden überging. Fußspuren, die zum Ufer führten. Jemand hatte diese Insel vor mir betreten und wieder verlassen, auf bloßen Füßen, deren Spitzen leicht nach außen wiesen – genauso, wie ich immer laufe, du belächelst das manchmal ... Aber das fiel mir in diesem Moment noch nicht auf.

Ich folgte den Spuren landeinwärts und bemerkte, dass der Weg in der Form einer Spirale verlief, immer engere Kurven beschreibend, auf eine unbekannte Mitte zu. Und noch etwas sah ich mit Erstaunen: die Spuren der bloßen Füße wurden immer kleiner! Eben war ich noch in den Fußstapfen eines Erwachsenen gewandert, jetzt deckte mein großer Schuh die Spuren schon zu, und nach der nächsten, noch enger gezogenen Spiralenwindung folgte ich den Abdrücken von Kinderfüßen!

Und plötzlich verstand ich, und bin zutiefst erschrocken dabei: Es war mein eigener Weg, den ich zurückging, meine eigenen Spuren, denen ich bis in meine Kindheit folgte. Was würde mich erwarten, wenn die Spuren schließlich aufhörten, was würde ich in der Mitte dieses langen Weges vorfinden?

Das Herz schlug mir auf einmal bis zum Halse ...

… und dann wachte ich auf. Vorbei. Ich habe nicht erfahren, was in der Mitte auf mich wartete.

Schade, sagst du? Ein enttäuschendes Ende für einen so spannenden Anfang? Finde ich nicht, denn schau, so ist mir die Spannung geblieben: Ich kann jederzeit wieder so eine Reise machen, in Gedanken, vielleicht auch zusammen mit anderen. Nicht immer nur den Fort-Schritt im Sinn haben, mal einen Rück-Schritt wagen – was meinst du dazu? Auf einen Sprung in die Vergangenheit, in meine eigene, in die meiner Eltern …
Was glaubst du, wie viele Fragen ich oft an sie habe: Wie war das, vor fünfzig Jahren Zivilcourage zu zeigen, das Schweigen zu brechen – oder es einzuhalten? Wie ist es, eine so lange Ehe miteinander zu führen – vierzig Jahre sind sie miteinander verheiratet, und ich habe schon vier gescheiterte Freundschaften hinter mir … Wie war es, als meine Großeltern alt wurden, als meine Mutter ihre Mutter pflegen musste …? Das kommt ja irgendwann auch auf mich zu. Warum hat man mich in den Ferien immer aufs Land geschickt, wo ich doch viel lieber in der Stadt geblieben wäre, bei meinen Eltern …?
Ich glaube, so ein Sprung in die Vergangenheit kann wichtig sein für meine Zukunft für das, was jetzt ist, und für das, was sein wird.

Ob ich unter die Traumdeuter gegangen bin? Von wegen! Es war eben nur der erste Traum, bei dem ich verstanden habe, was er mir sagen wollte – glaub ich jedenfalls …"

Rollen-Zwang

Geschafft.
Die U-Bahn kriege ich noch.
Ich lasse mich nach unten tragen. 8 Uhr 15.
Jeden Morgen der gleiche Stress.
Mein Herz schlägt hart und hektisch, so schnell bin ich gelaufen.
Mein Mittwochs-Marathon. Genauso wie mein Montags- und mein Freitags-Marathon.
Ich habe längst aufgehört, nach der Zielgeraden zu fragen.
Die Treppe rollt.

Ein Blick zurück – hinter mir drängen sich Menschen.
Ältere, jüngere, ganz junge.
Großeltern, Eltern, Singles, Kinder.
Menschen aus Deutschland – Menschen aus anderen Ländern. Woher?
Keine Zeit nach dem „Woher" zu fragen.
Die Treppe rollt.

Nur Müdigkeit und Gleichgültigkeit in den Gesichtern hinter mir.
Kein Lächeln.

Dabei könnte jeder dieser Menschen mir einen Roman erzählen, voll von Erlebnissen, Träumen, Plänen, Traurigkeit und Witz – sein Leben, ihr Leben.
Keine Zeit. Unser Marathon duldet keine Atempause.
Die Treppe rollt.

Als Kind war Rolltreppe-Fahren das Größte.
Sich tragen lassen, ohne Mühe für die kleinen Beine.
Endlich einmal im gleichen Tempo wie die eiligen Erwachsenen. Man brauchte nur das Abenteuer des ersten Schrittes heil zu überstehen – und am Ende den Absprung wagen.

Das Abenteuer, den Absprung!
Wie wär's? Vielleicht ginge das ja auch jetzt noch:
Abspringen, aussteigen.
Oder: Alle drehen sich um und machen aus der Abwärts- eine Aufwärtstreppe.

Das wäre doch ein Anfang!
Gegen den Strom.
Gegen die Vorschriften,
die unsere kostbare Lebenszeit regeln.
Total von der Rolle …

Und wenn ich wenigstens einmal
einen langsameren Takt ausprobiere,
eine Unterbrechung wage,
ganz kurz …
Die Treppe rollt.

Zeit für Dornröschen

„Mama!" Ich habe den Kochlöffel vom Haken genommen, will gerade das Essen auf dem Herd umrühren, halte in der Bewegung inne.
„Ja, Sarah, was gibt's denn?"
„Mama, ich bin jetzt eine Prinzessin und der Simon ist ein Prinz, und wir spielen Dornröschen umgekehrt: der Simon schläft, und ich muss mich durch die Dornenhecke durchhauen und ihn wachküssen. Kannst du mal gerade die Hecke spielen, Mama, und ich kämpfe mit dir – oder du bist die Mama-Königin, dann brauchst du nur auf deinem Thron zu sitzen und zu schlafen?"
„Sarah, ich kann im Moment überhaupt nichts spielen, siehst du denn nicht, dass ich gerade ...". Mein Blick fällt auf meine Hand mit dem Kochlöffel, die für einen Moment wie erstarrt in der Luft stehengeblieben ist. Eine Illustration aus meinem alten Märchenbuch fällt mir ein: Der Koch im Dornröschen-Schloss, einen hölzernen Löffel in der Hand, die Augen geschlossen, vom hundertjährigen Schlaf übermannt. Und während die Erwachsenen schlafen, wächst eine Dornenhecke, wird eine Mädchenprinzessin in aller Ruhe, als habe sie hundert Jahre Zeit, langsam zur Frau, gilt es, Abenteuer zu bestehen, knospen Rosen, beginnt eine Liebe.

Aus-Zeit für die Erwachsenen, eine kleine Ewigkeit voller Wunder und Wagnisse für die Kinder. „Alles wie immer", „Wir haben keine Zeit verloren", werden die Großen sagen, wenn sie erwachen und das Leben wieder seinen gewohnten Gang aufnimmt. Als sei nichts geschehen.

„Mama, kommst du jetzt? Du kannst auch die gute Fee spielen, und die darf fliegen."
Ist das ein Angebot? Ein Rundflug durchs Kinderzimmer statt eine Runde mit dem Kochlöffel. Auf einen Sprung in die Aus-Zeit. Einen Augenblick lang, hundert Jahre Zeit lang – und das Essen wird sicher trotzdem fertig.
Als sei (fast) nichts geschehen.

Mond-Tag

Mein erster Mond-Tag
war ein Dienst-Tag.
Also, eigentlich hatte ich Dienst,
hatte im Büro zu erscheinen,
strahlend wie immer,
ein sonniges Gemüt,
in Hochform
zu Höchstleistungen aufgelegt,
mach es wie die Sonnenuhr …

Nur hatte ich heute eben
kein Hoch, sondern ein Krea-Tief.
Keinen Sonn-Tag,
sondern das Gegenteil:
Einen Mond-Tag.
Nicht gleichmäßig strahlend,
sondern mal voll und mal neu.
Nicht laut, sondern leise.
Mit Licht- und Schatten-Seiten,
Ebbe und Flut.

Ich nahm mir frei.
Frei von meinem sonnigen Gemüt.
Einen ganzen Tag Schon-Zeit –
ich legte den Hörer neben das Telefon.
Leer-Zeit –
ich sah zu, wie die Stunden sich von selbst füllten
und half nicht nach.
Frei-Zeit –
ich schrieb mir auf, was ich neu beginnen will,
was erst halb gerundet ist,
was ich unbedingt noch vollenden will.
Ge-Zeiten –
ich atmete ein und aus, ganz langsam,
ich schlief und erwachte, ganz langsam.
Nacht-Seiten –
ich blieb lange auf, im Dunkeln,
ohne Fernseher,
ohne Licht,

ich betrachtete meine Schattenseiten,
die ich nur im Dunkeln sehe.
Ich nahm mir vor,
ein Traum-Tagebuch zu beginnen.

Und ich nahm mir vor,
wieder einen Mond-Tag einzuschieben.
Vielleicht schon am nächsten
Sonn-Tag?

Seiten-Sprung

Oder:
Aus der Haut gefahren

Er-Ziehung

Willkommen auf Erden!
Noch eins mehr.
Spuck's aus!
Schluck's runter!
Ganz der Vater.
Ganz die Mutter.
Halt dich gerade!
Mach einen Diener!
Kau langsam!
Iss deinen Teller leer!
Sitz endlich still!
Raus an die frische Luft!
Du sollst es mal besser haben.
Nichts als Ärger hat man mit dir!
Dafür bist du längst zu groß!
Dafür bist du viel zu klein!
Schön ist die Jugend bei frohen Zeiten …
Und das in deinem Alter, Kind!
Die Liebe ist eine Himmelsmacht …
Komm mir bloß nicht mit einem Kind!
Gleich und gleich gesellt sich gern.
Gegensätze ziehen sich an.
Bleibe im Lande und nähre dich redlich.
Der Mann muss hinaus ins feindliche Leben.
Ehrlich währt am längsten.
Wo kein Kläger, da kein Richter.
Unrecht Gut gedeiht nicht.
Wo Tauben sind, fliegen Tauben zu.
Wie man in den Wald hineinruft, so schallt es heraus.
Reden ist Silber, Schweigen ist Gold.
Es ist nie zu früh und selten zu spät.
Was Hänschen nicht lernt, lernt Hans nimmermehr.
Ehre das Mutterherz, solange es schlägt.
Und das in deinem Alter, Oma!
Ruhe sanft. Ende gut, alles gut.

Verrückt, – wer sich nicht selbst ver-rückt,
ehe es zu spät ist.

Lieber Lebens-Lauf!

Mit einem UrSprung hinein
den Anfang auffangen
in Fußstapfen treten
und eigene Spuren legen
statt zu spuren
auf dem WerdeGang
ent-wickeln
ent-falten
nicht nur sich selbst

FortSchritt
und RückFall
KreisLauf
und Durchbruch

Holzweg oder Karriereleiter
Umkehr ist immer möglich
inne-halten
Atem holen

BerührungsPunkte suchen
Bindungen eingehen
EinKlang hören
den DisTanz wagen
Feste be-gehen
und Alltag

manchen WegWeisern trauen
andere um-gehen
und schritt-weise
zeitweise
beziehungsweise werden

zu Ende gehen

am Ziel
sich auffangen lassen
von
einem neuen Anfang

Aus der Haut gefahren

„Ich habe keinen Schneider
und hab doch sieben Kleider …
Wer bin ich?"

Ein uraltes Rätsel.
Ein uraltes Spiel.
Wer bin ich?

Vielleicht
der Reisende,
in dessen Haar sich das Salz fängt wie Tau,
dessen Umhang der Meerwind bauscht?
Die Ruhende,
in den Farben des Mooses gekleidet,
auf ihrem Lager aus Laub und Erde?
Oder: Die Raupen-Frau,
eingesponnen in ihren weißen Kokon,
geduldig wartend.
Der Unnahbare,
bis unters Kinn verschnürt, vernagelt,
so fremd und so anziehend wie Eisen.
Die Nahbare,
deren Herz durch die Seide glüht,
deren Tanz den Stoff zum Atmen bringt.
Der Greis,
der sich anschickt,
den letzten Nebelschleier zu lichten?
Oder das Kind
auf dem Dachboden,
in seiner Schatztruhe wühlend – und rätselnd,
welche Verkleidung wählen, welche ablegen?

Sieben Kleider, sieben Häute …
Und keine Schneider?
Oh doch – und mehr als sieben!
Zugemessen haben sie mir mein Kleid,

meine Haut,
zugeschnitten,
großzügig und geizig,
abgeschnitten und angepasst –
na bitte, wie maßgeschneidert!

Wer bin ich,
wenn ich aus der Haut fahre?
Mit einem Sprung
ganz außer mir?

Wer bin ich,
wenn ich mir unter die Haut gehe,
ganz nach innen,
bin ich dann noch ganz bei mir?

Mit anderen Augen

Sie betreten den Raum fast gleichzeitig, wie immer. Die zierliche Frau mit dem langen blau-schwarzen Haar, der dunklen Haut, den großen Augen – und der Mann, der dem Äußeren nach ihr Bruder sein könnte. Sie, wie immer, mit einem Korb voll Brezeln und Laugenbrötchen am Arm, den sie kaum tragen kann, solange er randvoll ist. Er mit dem riesigen Rosenbouquet, langstielige Blüten, zu je drei Stück in Klarsichtfolie, taufrisch und unverschämt teuer.
„Rosen für die Dame?" Sein Geschäft geht schlechter als das ihre. Appetit haben viele, die hier die Nacht durchtanzten. Mit der Galanterie dagegen scheint es schlechter bestellt zu sein, und mit der Liebe?
„Brezeln!" „Rosen!" Sie kämpfen sich einmal rund um die Tanzfläche, er in ihrem Kielwasser – der große Korb, robuster als die zarten Blüten, bahnt beiden den Weg, zurück zur Bar. Eine Weile bleiben sie verschwunden.

Plötzlich taucht sie wieder auf, in einer kaum beleuchteten Ecke. Ihr Korb ist fast leer. Sie stellt ihn mit einer entschlossenen Bewegung ab. Wirft das prallgefüllte Portemonee schwungvoll zwischen die letzten Brezeln. Welch ein Leichtsinn – es ist doch bekannt, dass man hier seine Brieftasche festhalten muss. Sie scheint nicht nachzudenken. Ein leichter Ruck und ihre Haarspange fliegt neben den Korb. Die blauschwarze Haarpracht löst sich und fällt ihr über die Schultern. Sie schüttelt sie, lächelt. Wie befreit. Nun noch die kleine weiße Schürze. Sie verheddert sich kurz in der Schleife, zieht ungeduldig an den langen Bändern, bis auch sie sich lösen.
Sie ist nicht wiederzuerkennen.
Mit einem Satz springt sie in die Mitte des Raumes, lacht, dreht sich einmal um sich selbst – und hat die Tanzfläche für sich allein. Wir sehen ihr zu, vom Rand aus. Es ist ein einziges Feuerwerk an Bewegung, Energie und Lebensfreude, das sie entzündet. Niemand hatte sie jemals so groß gesehen, so schön.

Aber – wo ist er? Da, am Rand, er sieht ihr zu, wie wir alle. Plötzlich scheint es auch ihn zu packen. Er reißt die Folie von seinen letzten Rosensträußen, überreicht jeder Frau, die er innerhalb weniger Sekunden erreichen kann, mit formvollendeter Verbeugung eine Blüte, nimmt den letzten Stiel quer zwischen seine weißen Zähne – und ist, ebenfalls mit einem einzigen Satz, bei ihr, in der Mitte der Tanzfläche. Sie umtanzen, necken, umwerben sich, kämpfen spielerisch miteinander, lachen, strahlen, scheinen völlig zu vergessen, dass sie Publikum haben.

In diesem Augenblick nehme ich mir vor, niemals mehr zu denken, ich wüsste, was in einem Menschen steckt – eine Raupe, ein Schmetterling?
Die Musik verklingt. Die beiden umarmen sich, verlassen Hand in Hand die Tanzfläche, Richtung Korb. Beifall brandet auf. Er scheint sie nicht zu berühren.
Die Ecke mit dem Korb wirkt noch dunkler. Kaum sieht man die zweite Verwandlung. Dann kommen die beiden wieder zum Vorschein – sie mit dem Korb am Arm, er mit drei Rosen, die er noch irgendwo gefunden hat.
„Brezeln!" „Rosen!" Man sieht ihnen nach. Mit anderen Augen.

Die Spiegelfreundin

„Monika! Monika!! Was schaust du denn schon wieder in den Spiegel? Man kann es auch übertreiben mit der Eitelkeit!"
Mutter. Schon wieder. Immer musste sie dazwischenfunken. Immer wenn Monika gerade ihren ganzen Mut zusammennahm und ihn wagen wollte: den Sprung hinüber. Sie war sicher, dass der Spiegel heil bleiben würde, so heil wie ihre Haut. Und dann wäre sie endlich bei ihr, bei der Spiegelfreundin. Sie würden zusammen das ganze Land erkunden, das Land auf der anderen Seite, das Monika „Mursredna" getauft hatte, was, rückwärts gelesen, „Andersrum" hieß. Sie würden sich Spiele ausdenken, die nie zu Ende gingen, sondern immer zu Anfang – Monika und Akinom, die Spiegelfreundin.
Zu dumm, das mit Mutter.
So blieb Monika vorerst nichts anderes übrig, als dort stehen zu bleiben, wo sie war, in ihrem Kinderzimmer, auf ihrer Seite des Spiegels, sich die Nase an dem kalten Glas platt zu drücken und ihr ganz fest in die Augen zu schauen, der Akinom.
Zugegeben, ein wenig konnte sie ihre Mutter verstehen. Musste schon komisch aussehen, wie sie Monika, hier stand, die Augen fest auf ihr Gegenüber gerichtet, drauf und dran, die gläserne Grenze zu überspringen – aber das ahnte Mutter zum Glück nicht. Wahrscheinlich war sie der Meinung, Akinom sei Monika und umgekehrt – dabei konnte jeder sehen, dass das nicht stimmte: Monika trug ihre Haarspange immer auf der rechten Seite, Akinom links, ebenso war es mit dem kleinen Leberfleck neben der Nase und sogar mit dem Lieblingsbutton am Pullover.
Wo sie wohl ihre Kleider aufbewahrte, die Akinom? In einem Kinderzimmerschrank, wie Monika? Was sie wohl zu Mittag aß? Ob es andere Menschen gab in Mursredna – ein paar Jungen, die Sukram und Revilo hießen, und eine Amam, von der die Mama nichts wusste?
Monika schielte, so gut es ging, ins Spiegelglas, nach rechts und links. Mutter hätte sie für verrückt erklärt. Typisch Erwachsene. Die hielten sich immer an glasklare, knallharte

Fakten. Und ein Spiegel war nun einmal glasklar und knallhart. Keine Grenze, die man überschreiten oder gar überspringen konnte.
Monika grinste Akinom zu. Akinom lachte zurück. Morgen würde sie ihr schreiben. In Spiegelschrift. Das lernten die doch bestimmt in der Schule da drüben. Vielleicht gab es ja auch ein Zauberwort, das die andere Welt öffnete? „Arbadakarba" oder so.
Sie würde es ausprobieren. Morgen. Aber nur, wenn Mutter einkaufen war.

„Euer Ehren!"
Jetzt setzt der schon zum dritten Mal zu seinem großartigen Monolog an. Und das auf der kurzen Strecke zwischen zwei Stationen. Kaum auszuhalten. Wer weiß, wie oft man sich die sinnlose Verteidigungsrede noch anhören muss bis zur Haltestelle „Klinikum Heinrich-Hoffmann-Straße". Nicht umsonst nennt man die Straßenbahn auf dieser Strecke „den Zug nach Nirgendwo". Wer hier einsteigt, rechnet mit Leuten wie dem da. Schräge Käuze, verschrobene Typen, verbrauchte Junge, verdrehte Alte. Alle neben der Spur. Verrückte eben. Wieder mal oder schon wieder auf dem Weg in die Psychiatrie oder nach Hause, wo immer das sein mag. Ambulante Therapie nennt man das wohl. Raus und wieder rein. Wozu das gut sein soll?
„Euer Ehren, lassen Sie mich zu meiner Verteidigung anführen, dass ich damals …" Die Rede zerrinnt wie die Tropfen am Fenster.
„Nächste Haltestelle: Messegelände". Ein Geschäftsmann steigt zu, dunkler Anzug, dezente Krawatte, Diplomatenkoffer. Ungewöhnlich – wo hat der wohl seinen Wagen stehen? Jetzt setzte er sich auch noch auf den Platz gegenüber dem Verrückten. Na ja, sonst ist nirgendwo frei, und der arme Irre sagt ja auch nichts. Im Moment. Zum Schieflachen, und der Boss weiß gar nicht, worauf er sich einlässt mit diesem Sitzplatz. Schadenfreude und gespannte Erwartung ringsum. Gleich wird's wieder losgehen.
„Euer Ehren …" Na bitte! Der Boss entfaltet geräuschvoll die „Wirtschaftswoche". Schade, die Zeitung verdeckt sein Gesicht. Soll sie wohl auch.
„Euer Ehren, ich sehe nicht ein, warum ich nun schon zum zehnten Mal vor Ihnen stehe!" Jetzt gibt er Gas, der Verrückte. Ist wohl dankbar, endlich ein Gegenüber zu haben.
„Euer Ehren, so hören Sie mich doch an!" Der Boss lässt die Zeitung sinken, schüttelt gemessen und missbilligend den Kopf, vertieft sich wieder in seine Lektüre.
„Aber ich stehe heute zum zehnten Mal vor Ihnen!" Der andere brüllt jetzt an gegen die Wand aus Schlagzeilen. „Einmal muss doch Schluss sein!"

„Na dann sind wir ja einer Meinung." Die Stimme hinter der Zeitung ist hart und zynisch. „Einmal muss Schluss sein. Und zwar jetzt. – Sie sind ja verrückt", fügt er kaum hörbar hinzu. Ist dem „Angeklagten" aber natürlich nicht entgangen. „Ja, verrückt", wiederholt er unsicher.
Dann ist erst mal Ruhe. Kaum zu glauben. Dauert auch nur kurz. Diesmal macht der Boss den Anfang, besser gesagt: sein Handy. Mag ich überhaupt nicht, dieses durchdringende Klingeln. Auch die Leute nicht, die so ein Ding mit sich rumschleppen. Alles Wichtigtuer. Aber zugegeben: Es macht schon was her, wie der Boss jetzt lässig das Gerät aus dem eleganten Koffer holt, sich meldet, einige kurze Anweisungen erteilt. Der andere lässt ihn nicht aus den Augen.
„Aber Sie", sagt er langsam mitten in das Telefongespräch hinein, „Sie sind nie verrückt. Nie von der Rolle, was? Immer auf Draht. Immer erreichbar. Immer ...", er zögert, „... online." Wo hat so einer dieses Wort her? Der Boss legt das Handy zurück, schließt den Koffer. Mustert sein Gegenüber. „Auch ganz schön bekloppt, stimmt's, Euer Ehren?" setzt der Verrückte nach.
Wir anderen halten den Atem an. Was kommt jetzt? Na klar, das Handy ist wieder an der Reihe. Klingelt sich einen ab im eleganten Koffer. Inzwischen halten die beiden ungleichen Männer einander mit Blicken fest. Sieht aus wie ein stummer Ringkampf. Oder – ist so einer wie der verrückte Typ da vielleicht ansteckend?
Das Handy bimmelt immer noch. Nicht auszuhalten. Könnte vielleicht mal einer ...
Der Boss legt die Hände auf den Koffer. Schaut den anderen immer noch an. Plötzlich – das darf ja wohl nicht wahr sein! – stiehlt sich so was wie ein Lächeln in seine Mundwinkel. Das Handy gibt keine Ruhe. Jetzt ist das Lächeln gegenüber angekommen. Glaubt man's? Die beiden grinsen sich tatsächlich wie zwei Verschwörer an.
Und das Handy –
also, wenn jetzt nicht gleich einer rangeht, dreh *ich* durch!!

Die andere Macht

Wir hatten alles versucht. Vernünftige Gespräche und verzweifelte Appelle, Sitzblockaden und Hungerstreiks, Girlanden am Kasernentor, schließlich die Schere am Stacheldraht – danach Verhöre wegen Sachbeschädigung, wegen unerlaubten Betretens militärischen Geländes, wegen Widerstand gegen die Staatsgewalt …
Hilfloses Lachen bei den einen, Tränen bei den anderen – und wir waren wieder draußen. Vor dem Tor, nahe unserem Zeltlager.

Der junge Wachsoldat grinste, ein wenig überheblich, ein wenig unsicher. So viele Frauen beieinander. Frauen ohne Männer. Alte und junge, muntere und erschöpfte, einige mit Kindern an der Hand, auf Stippvisite für einen Tag – andere, die ihre Kinder, ihren Ehemann verlassen hatten, um für Wochen und Monate hier zu leben, im Friedenscamp der Frauen vor der Kaserne von Greenham Common, Südengland.
Und jetzt?
Wieder ein Versuch gescheitert, uns Gehör zu verschaffen.
Unschlüssig standen wir herum. Es wurde dämmrig. Der Mond ging auf über dem Dach des Munitionsdepots, beschien den Stacheldraht und unsere Wäscheleinen zwischen den Zelten. Die kalte Feuerstelle. Sollten wir Tee kochen, die Suppe wärmen? Kälte kroch in uns hoch. Doch wir blieben, wo wir waren, auf dem Asphalt, in der Einfahrt zur Kaserne.

Harriet, die Älteste, nahm zuerst meine Hand, ich nahm Esthers, Esther tastete nach der kleinen Mandy. Ein Kreis bildete sich. Harriet begann leise zu summen, dann zu singen. „Under the full moon …“ – „Unter dem Vollmond tanzten wir, reichten uns die Hände und tanzten, tanzten mit Freude in der Seele …“ Eine vertraute Melodie wie das Wiegenlied einer Mutter für ihr Kind. Die Musik schwoll an und ab wie Ebbe und Flut, wie Wellen, die Kreise ziehen.
Der junge Soldat, der vor dem Tor auf und ab gegangen war, blieb abrupt stehen. Fasste sein Gewehr fester. „He, ihr da!“ Seine Stimme klang hell wie die eines Jungen.

„… hands we dance joing …" Wir ließen uns nicht stören. „Was *macht* ihr da?" Die Stimme überschlug sich. Er setzte noch einmal an, tiefer diesmal, dienstlicher. „Geht schlafen, o.k.? Wird's bald?"
„… under the full moon …" Die Melodie nahm kein Ende, wie der Tanz. Der junge Soldat begann wieder auf und ab zu gehen. Hielt erneut inne. Versuchte, sich die Ohren zuzuhalten, wobei ihn der Helm behinderte.
„Hört auf! Stop it!" Er schrie jetzt. „Ihr seid ja verrückt, hier mitten in der Nacht … ihr, ihr Hexen! Was macht ihr? Einen Zauber? Wollt ihr uns alle …"
In der Ferne kam ein Gewitter auf. Donner grollte. Harriet gluckste. „Wie bestellt, was?"
„He – wart ihr das?" Einen Moment lang schien er es wirklich zu glauben. *„Hört auf*, hab ich gesagt. Das ist ein Befehl!"

Zitterte er? Harriets Hand löste sich aus meiner, sie verließ den Kreis, schloss ihn hinter sich. Ganz ruhig ging sie auf den jungen Mann zu. Unser Gesang wurde zu einem Murmeln, kaum hörbar. Hatte er eben das Gewehr entsichert? Jetzt war Harriet neben ihm, legte ganz vorsichtig ihre Hand auf seinen Arm. Er starrte sie an. „Nimm deine Hand da weg, Hexe!" Sie nahm sie weg, aber nur, um ihm sanft über die erschrockenen Augen zu streicheln. „Hör zu, mein Kind", sagte sie leise, aber sehr bestimmt. „Wir singen unsere Kleinen in den Schlaf. In Frieden, verstehst du? Und wenn du dauernd dazwischenknallst …", sie ließ ihre Hand für einen Augenblick auf dem kalten Metall seines Gewehres ruhen, „dann wird das nichts, klar? Dann musst du uns noch länger zuhören. Willst du das?" Sie sah ihm lange in die Augen, nickte langsam, wandte sich um und kehrte zu uns zurück, erhobenen Hauptes.
Er stand immer noch dort, wo sie ihn verlassen hatte, als wir in unsere Zelte krochen.

Weit-Sprung

Für alle,
die am Ende
erst ganz am Anfang sind

4711

Wir hatten ihn so getauft. „4711 – immer dabei!“, denn er hatte in all den Jahren keinen einzigen Auftritt unserer Band versäumt, saß immer in der ersten Reihe, die Hand lauschend hinters rechte Ohr gelegt, als ob er Bedenken hätte, dass ihm trotz der dröhnenden Lautstärke aus unseren Boxen ein Gitarrenton oder ein Keyboardklang entgehen könnte. Oder war unser satter Sound für ihn nur ein sanftes Säuseln und er brauchte die Hand hinterm Ohr, um sich wenigstens dieses musikalische Flüstern einzufangen?

„4711“. Er war wirklich immer dabei. Im Einkaufszentrum und bei „Lieder im Park“, mitten im Gedränge auf dem Rathausplatz und bei dem Reinfall in der alten Fabrik, als ganze fünfzehn Fans die erste und einzige Reihe vor der Bühne bildeten. Erst dachten wir, er hätte es auf unsere Sängerin abgesehen. Dritter Frühling oder so. Aber nichts – er warf ja nicht mal eine Rose auf die Bühne.

Dann vielleicht unsere Musik. Wer weiß? Getanzt hat er jedenfalls nie. Nur zugehört. Ob er selbst gern Musiker geworden wäre? Einmal hat unsere Sängerin ihn dann nach seinem Namen gefragt. Heinrich Kluge hieß er. Wir blieben trotzdem bei „4711“.

Unser Auftritt vor drei Wochen brachte dann eine echte Überraschung. Sein Platz blieb leer. 4711 war nicht mehr dabei.

Zwei Tage später entdeckten wir, mehr zufällig, die Todesanzeige in der Zeitung. Ganz schlicht, ohne große Worte von Abschied und Trauer und treusorgender Vater oder so. Aber wir beschlossen, zu seiner Beerdigung zu gehen. Immerhin war er unser treuester Fan – und da war es doch nur o.k., wenn wir auch mal „dabei“ waren, bei einem Anlass, den er, 4711, bestimmte.

Also, die ganze Band versammelte sich auf dem Friedhof. Und alle in Schwarz. Sogar Kombi, von dem niemand gewusst hatte, dass er eine andere Hose außer seiner Blue Denim besaß. Das war das erste Wunder an dem Tag. Das zweite: dass so viel Leute am Grab von 4711 zusammenkamen. Scheinbar *war* er nicht nur Fan, er hat selbst Fans gehabt. Alte und Junge, Paare und Einzelgänger, einige in

Samt und Seide und dann eher solche wie wir, also mehr bemüht vornehm. Das dritte Wunder: Jeder erzählte am Grab irgend etwas, das ihn mit 4711 verbunden hat. Und schon dabei kam so viel Unterschiedliches zusammen, so viel, das gar nicht zusammenpasste und schon gar nicht in einem einzigen Leben Platz haben konnte, dass wir uns alle, oder fast alle später nach der Beerdigung noch einmal im Café neben dem Friedhof zusammengesetzt haben, zu so einer Art Rekonstruktionsversuch: Wer war 4711? Oder Heinrich Kluge.

Sieht so aus, als wäre er aus der früheren DDR gekommen. Und mit zwei Frauen war er verheiratet, gleichzeitig, die eine in Ost, die andere in West, ohne dass eine von der anderen wusste. Vielleicht war er deshalb auch ein paar Jahre lang auf der Flucht – oder auf der Walz, das wusste keiner genau zu sagen. Eigentlich wollte er Pfarrer werden, der 4711, erzählte einer. Damit hat es wohl nicht geklappt, dafür mit mindestens fünf anderen Berufen – und eine Frau kannte ihn vom Friedhof her, wo er immer Reden gehalten hätte für die, an deren Grab sonst keiner sprach. Ohne Geld und ungebeten. Von uns hatte er auch erzählt, berichtete einer seiner Freunde aus dem Altersheim. Dass er uns mochte, uns und unsere Musik. Dass er außer Pfarrer auch gerne Gitarrist geworden wäre wie Kombi. Und sein bisschen Geld hatte er dem Kinderschutzbund vermacht, obwohl er selbst nie Kinder hatte – soweit man das sicher sagen konnte.

Wir haben nämlich drei Stunden da miteinander im Café gehockt und geredet und versucht, sein Leben zusammenzusetzen wie ein Puzzle oder ein Mosaik aus mindestens tausend Teilen. Aber ganz aufgegangen ist das Spiel nicht. Irgendwie hat er sich uns immer wieder entzogen, der 4711, und wir konnten einfach nicht herausfinden, wer er nun wirklich war. Nur, dass er wieder dabei war, auch da im Café, wahrscheinlich mit der Hand am Ohr, um auch ja alles mitzukriegen, was wir über ihn zusammenfantasierten, und dass er sich dabei königlich amüsiert hat – das ist so ziemlich sicher.

Norbert

Ob ihn jemand aufgefangen hat?
Er träumte vom ganz großen Sprung. Nichts mit „von der Pike auf", „Philosophie für Einsteiger" und „Grundbegriffe des Gitarrenspiels" – nein: ein einziger Satz sollte es sein. Der Sprung über die Rampe vors Mikrofon, als Bassist, Drummer, Chansonier, egal, der mühelose Erfolg als Liebhaber, Tänzer, Fischzüchter, Gebrauchtwagenhändler oder so, der donnernde Durchbruch in „die Szene", welche wohl, über alle Hürden, gegen alle Ströme, jenseits aller Theorien und Therapien und doch mittendrin, oder besser vornedran, endlich ein Insider, ein Beliebter, Geliebter sein, einer, zu dem man aufschaut, einer, der es geschafft hat, was auch immer.
Er hat sich informiert, oh ja, er hat sie belagert, die Leute an der Spitze, immer in der freudigen Erwartung, ihr Ruhm werde – nein, nicht allmählich abfärben, sondern mit einem Satz überspringen, ihn entzünden wie eine Fackel, ihn mitreißen wie ein Orkan, mühelos, atemlos, himmelhoch. Er hat ihnen geschmeichelt mit seinen Fragen, seiner kindlichen Bewunderung, sie belustigt, belästigt, entnervt schließlich „Mensch, ist der noch normal, euer Freund, sagt ihm, er soll mich verdammt nochmal in Ruhe lassen, ich muss jetzt auf die Bühne, keine Zeit für so einen da ...".
Wir haben seine Anläufe begleitet, immer wieder, ihn erwartet am Hinterausgang des Theaters und vor dem Wohnwagen des Zirkusdirektors, im zugigen Hafen, wo er beinahe auf große Fahrt gegangen wäre, und vor dem leeren Stadion, wo er als letzter Fan auf einen einzigen Blick von Tina Turner wartete. Wir haben ihn in Schutz genommen vor Polizisten und Gerichtsvollziehern, erzürnten Chefs und versetzten Traumfrauen, anfangs seine Begeisterung teilend, immer wieder mitgerissen von seinem Schwung, dann leicht verunsichert, bremsend, fragend, bohrend, fordernd, am Ende schwankend zwischen Wut und Weinen. „Mensch, Norbert, irgendwo fehlt doch wirklich ein Relais in deinem Selbstbewusstsein, deiner Persönlichkeit, in deinem Kopf, weiß der Kuckuck wo, was haben sie mit dir nur gemacht als Kind, wie ferngesteuert, fremdgesteuert, so

kann man doch nicht durch's Leben laufen, wenn dir einer mit der nötigen Autorität sagen würde, hier, drück' auf den roten Knopf, tu's für die Wissenschaft, für Ruhm, Geld, und ja für was denn noch, für Liebe vielleicht, dann langst du zu, stimmt's?"
Wir haben aufgehört ihn zu begleiten auf seiner Suche.
Wir haben aufgehört ihn aufzufangen.
Wir warteten nicht mehr an der Hafenmauer, am anderen Ende der Leitung, an der Absturzstelle, auf dem Grunde des Abgrunds. Wir waren müde geworden und sein Name entlockte uns nurmehr ein hoffnungsloses Lächeln: „Oh, Norbert – keine Ahnung, wo der wieder steckt ...".
Wir hatten ihn aufgegeben.
So kam es wohl, dass wir von seinem letzten Anlauf nichts mitbekamen.
Dabei war es nicht einmal ein allzu großer Sprung, den er diesmal plante. Nur vom Bahnsteig auf die Gleise, direkt vor die Räder des IC München–Hamburg.
Und diesen einen Sprung, den hat er geschafft.
Ganz allein.

Oder ob ihn jemand – wo doch keiner von uns da war – aufgefangen hat?

Diesmal

Damals,
als meine Welt nur aus rotem Licht bestand
und Wärme und aus sanftem Schaukeln
und einem kleinen Herzschlag in mir
und einem großen Herzschlag über mir,

sagte mir jemand,
dass zu dem Licht eine Sonne gehöre,
eine ganz neue Welt voller Farben und Töne,
und zu dem Schaukeln Hände,
die mich halten und streicheln würden,
zu der Wärme Liebe
und zu dem großen Herzschlag jemand,
der mich ins Herz geschlossen habe
und jetzt schon meinen Namen wisse …

doch damals glaubte ich ihm nicht,
ich habe ihn ausgelacht.

Heute
besteht meine Welt aus Farben und Tönen,
aus der Nähe anderer Menschen
und der Wärme deiner Liebe,

und jemand sagt mir,
dass hinter den Farben eine Welt ist,
die ich nur ahnen kann,
hinter der Nähe eine größere Liebe,
und hinter der Wärme jemand,
dem ich am Herzen liege
und der mich beim Namen ruft …

Diesmal
versuche ich zu glauben.

Spuren-Suche

In mich hineinhorchen will ich.
Gespannt und gelassen zugleich.
Manchmal fühle ich mich wie ein Brunnen,
auf dessen Grund ein Schatz verborgen liegt.
Erinnerungen, Bilder, Geschichten, Träume, Pläne.
Das, was ich bin.
Das, was ich sein könnte.

Wie leicht lässt sich all das zudecken, -schütten, -lärmen.
Eine Zeit ohne Ablenkungsversuche brauche ich.
Zeit, aus der Tiefe zu schöpfen.
Was finde ich?

Manches, das schmerzt.
Aber ich will mich erinnern.
Erinnerung kann heilen.

Manches, das mich staunen lässt:
Das war einmal mein Ziel?
Und wo stehe ich heute?
Ich will meinen Kurs wieder finden.

Manches macht mich neugierig.
Vor allem das:
Da ist ein Bild tief in mir, vielleicht besser
eine Vorstellung, eine Ahnung,
die früher einmal sehr lebendig, sehr farbig war.
Einen Vater kann ich erkennen. Einen König.
Einen Richter. Einen guten Hirten? Eine Mutter?

Meine Vorstellung von Gott,
verblasst wie meine Kindheit –
oder lebendig wie mein jetziges Leben?

Ich will hinhören.
Ohne Ablenkungsversuche.
Einmal nicht vertrauen auf die alten Bilder,
auch nicht auf die gewohnten,
eingeschliffenen Worte der Gebete.
Nur still werden und horchen.

Wohin führt mein Weg?
Wonach sehne ich mich, wenn ich mir wünsche,
abzuspringen, abzuheben,
über mich hinauszuwachsen?
Was lockt mich und zieht mich immer weiter,
macht mich so unzufrieden mit den billigen Lösungen,
für mich, für die anderen, für unsere Welt?

Es braucht Mut,
darauf „Gott" zu antworten.
Es ist ein Abenteuer,
auf Gott zuzugehen und zu warten, wer mir
entgegenkommt.
Es ist ein Wagnis, zu glauben.
Aber vielleicht gibt es keine ehrlichere Art
mit der Sehnsucht umzugehen.

Veik, Eb' 12/98 / TS. 2002

365 neue Vorstellungen, – 365 Premieren!

365 mal eine Hauptrolle für jede, für jeden.

365 mal hebt sich der Vorhang –
manchmal zu sanfter Musik aus dem Radiowecker,
manchmal abrupt wie eine weggezogene Bettdecke …

365 mal die helle Sonne, die herfür leuchtet, dazu rosarote
Wolken und zarte Nebel …

365 mal ein Kaleidoskop aus Grasgrün und Taubenblau,
Dottergelb und Rosenrot, Schneeweiß und Erdbraun –
der Bühnenbildner ist berühmt für seine Schöpfungen!

365 mal und mehr: Augen-Blicke und Schnupper-Sekunden,
Ohren-Schmaus und Lippen-Bekenntnis, kleine Männer
und Frauen im Ohr, (manchmal) Schmetterlinge im Bauch, an
jeder Hand 10 Fingerspitzen-Gefühle (und was ist mit den
Zehen?), Rosinen im Kopf und (meist) Sonne im Herzen …

365 mal Atempause und Luftholen und Dampfablassen …

365 x 2 die Grenze überschreiten zwischen Wachland und
Traumland und denken an die anderen Grenzen,
die hinter mir liegen und vor mir –
für manche Länder habe ich noch keine Eintrittskarte …

365 mal der gute Mond, der so stille geht, und seine
Kinder, die Sternstunden schenken …

365 mal die anderen, die mit mir auf der Bühne stehen –
die Clowns und die Heldinnen, die Kinder und die Alten,
die Tragischen und die Heiteren, die Asketen und die
Schwelger, die Mörder und die Friedenstifter …

365 mal einen Gedanken an den, von dem ich nicht weiß,
ob er jede Zeile des Stückes geschrieben hat oder
mir Leerzeilen ließ, nur, dass er zuschaut, Tag und Nacht,
und dass er am Ende, wenn ich mit dem letzten Sprung
die Bühne verlasse, wenn ich mir mit dem großen Handtuch
über das schweißnasse Gesicht wische und unter meinen
Falten wieder mein Kindergesicht zum Vorschein
kommen wird, in der Garderobe auf mich wartet.

Kein Bild?

Du hast gesagt:
„Du sollst dir kein Bild machen."

Oh Gott,
und ich habe ein ganzes Fotoalbum!

Schau, gleich hier vorne,
das bist DU,
ein Mantel, nichts sonst –
weit wie der Erdenrund,
blau und samtig wie der Nachthimmel,
bedeckt mit Monden und funkelnden Sternen,
warm wie der Flügel des Muttervogels,
mein Schutz gegen Geister und Einbrecher
und gegen den Kobold unter dem Bett.

Und sieh hier,
auch das Kind,
das mit mir unter dem Schneeballbusch spielte,
wenn alle anderen zu Mittag aßen,
das meine geflüsterten Geheimnisse kannte
und mich tröstete,
wenn ich abends ins Kissen weinte,
das bist DU.

Und hier, das auch.
DU mit zwölf,
ein bisschen schneller als ich,
immerhin hast du es geschafft,
drei volle Tage lang auszubüxen,
dir Jerusalem anzusehen
und nebenbei noch die Lehrer zu verblüffen –
ich kam nur um die nächste Ecke,
ehe mein Vater mich einholte.

Kein Bild?
Hier, das Bild meines Vaters,
des Königs auf dem himmlischen Thron,
des Herrschers der Heerscharen,
das ist eher unscharf,
darauf erkenne ich dich kaum wieder.

Aber jetzt:
Die Frauenecke! Die Göttin!

Ja, auch das bist DU,
die starke Jungfrau,
nicht die unschuldige,
und die Mutter, die Schöpferin,
die mich nach ihrem Bilde schuf,
und die Greisin mit den schwarzen Schwingen,
die mich fängt im Fluge.

Und hier,
noch jenseits der Frauen:
DU
der Wind,
der Tanz,
die Bewegung,
das Sein,
die Weisheit…

Dann:
viele, viele leere,
erwartungsvolle Seiten.

Kein Bild?
Doch so viele,
schon bisher und sicher in Zukunft auch,
denn wie soll ich dich sonst sehen und
tasten und spüren und schmecken,
wie von dir erzählen?

Kein Bild?
Du bleibst dabei.
Mit – einer kleinen Einschränkung:

Das beste Bild in meinem Album,
kein anderes so treffend,
sagst du,
sind die
unendlich erwartungsvollen
letzten Seiten.

Inge Müller
geboren 1956, lebt selbst „Auf dem Sprung“:

zwischen Tanz und Text –
als Tanzpädagogin und Werbetexterin,

zwischen Familie und Firma –
als Mutter von zwei Kindern und Mitarbeiterin der ökumenischen action 365, Frankfurt

zwischen Stadt und Land –
als gebürtige Frankfurterin, die heute in der Wetterau zwischen Vogelsberg und Taunus lebt,

zwischen Mythen, Märchen –
und gut durchorganisiertem Management (des Alltags).

Tanz und Bewegung sind für sie tiefste Lebensphilosophie und etwas, wozu sie Menschen verführen möchte: durch eine Melodie, ein kleines Fest mitten im Alltag, eine kurze Geschichte, die Mut macht, einen winzigen (Walzer-)Schritt lang aus der Reihe zu tanzen.

Veröffentlichungen bisher:
Betrachtungen, Meditationen, Kurzgeschichten, Reportagen

- ☐ für die action 365,
- ☐ für das Gemeinschaftswerk der Evangelischen Publizistik (GEP), vor allem im Rahmen der Fastenaktion „Sieben Wochen OHNE“ und für die „Redaktion Gemeindebrief“
- ☐ für Frauen- und Tanzzeitschriften